AF261604

HONFLEUR & LE HAVRE

HUIT JOURS

D'UNE

ROYALE INFORTUNE

PAR

ADOLPHE D'HOUDETOT

Rien pour les Partis,
tout pour l'Histoire.

PARIS

AU DÉPOT DE LA-LIBRAIRIE, RUE DES MOULINS, N° 8
PRÈS LA RUE THÉRÈSE.
1850.

HAVRE — IMP. Alph. LEMALE

RUE DES DRAPIERS, 20.

AU VIEUX SOLDAT DE TRAFALGAR

COURTISAN DU MALHEUR !

A MON FRÈRE

LE GÉNÉRAL D'HOUDETOT.

Adolphe D'HOUDETOT.

PRÉFACE.

Rien pour les partis,
tout pour l'histoire.

J'aurais laissé à une plume plus exercée que la mienne le soin de reproduire les incidents douloureux qui ont signalé le départ de la famille royale, en février

1848, si je n'avais apprécié à quel point la féconde et poétique imagination d'un sublime écrivain pouvait altérer fort innocemment la palpitante simplicité des faits ; je me serais imposé encore cette réserve, si l'honorable gentleman, auteur de l'intéressant article publié dans la *Revue Britannique* du mois de mai 1850, n'avait commis, involontairement sans doute, de notables omissions qui tendraient à déshériter la ville du Havre de la part qui lui revient dans l'accomplissement d'un simple, mais impérieux devoir.

Singulier rapprochement : tandis que l'homme d'état ignorait ce dont l'état devait être instruit, l'honorable gentleman, qui puisait ses renseignements à la source la plus intime, ignorait également ce que l'intimité devait savoir.

La relation des événements de Février 1848, en donnant au monde l'imposant spectacle d'un puissant monarque tombé du trône comme Louis XVI et Charles X, pour avoir préféré l'exil ou la mort à l'effusion du sang français, a dit vrai; mais elle a calomnié quand elle a prétendu que ce malheureux prince avait été trahi par ses soldats : non, le soldat qui sait que la trahison est le champ de bataille du lâche, n'aurait jamais failli au plus saint des devoirs, celui de protéger une grande

infortune. C'est l'incurie, c'est la sur-
prise, la fatalité et plus que tout cela,
c'est la volonté du souverain qui, le
frappant d'immobilité, a enchaîné son
dévouement et paralysé ses efforts; mais
il est resté pur de tout soupçon, aujourd'hui, comme hier, sous l'empire
comme sous les monarchies.

Exhumez de la poussière les pages de
l'histoire, et vous y lirez, écrite en lettres
de sang, l'héroïque justification du soldat
de tous les âges. Vous le verrez, fidèle à
l'infidélité que les révolutions imposent,
rougir de son généreux sang le chemin
de l'exil, que le grand empereur,
Louis XVIII et Charles X ont parcouru

tour à tour!... Enfin, après dix-huit ans, alors que le dernier de ses maîtres, échangeant, selon l'usage, le bandeau royal contre la couronne du malheur, s'échappait du trône, sans pompe et sans escorte, vous l'avez retrouvé encore à son poste, attendant l'heure du dévouement! car le soldat s'est associé à l'extrême-onction de toutes les royautés!

En voilà bien assez pour la gloire du prolétaire de l'armée, mon idole; vienne le drame maintenant, et que justice soit faite également des médisances et des calomnies qui ont accompagné sur la terre de France, les derniers pas des illustres fugitifs.

Or, le drame de février, ainsi que l'a dit un illustre écrivain, est tout entier, non dans l'écroulement du trône constitutionnel, mais dans cette brutale séparation d'une royale famille, errante, sans abri, et laissant derrière elle ses palais profanés!

Ici un noble vieillard, dénué de tout, poursuivi de clameurs impies et humiliant son front sous un déguisement!... là, une reine, épouse et mère, ange de bonté, qui n'avait connu du trône que les tortures privées et les insomnies!.... là encore, de jeunes fils de France, si braves à la tête des troupes, si soumis à la patrie, à ses décrets, à ses rigueurs et

quittant sans murmure le glorieux champ
de l'Algérie, pour le champ de l'exil !...
là, dis-je, dominant toutes les infortunes
par la majesté de son héroïsme, une
faible femme, veuve du plus populaire
des princes, disputant à l'inexorable
destin, des lambeaux de pourpre ! voilà
ce que l'histoire devait enregistrer!... Mais
hélas !.. dégradant la scène et les rôles,
elle a préféré mentir au monde en repré-
sentant le Roi Louis-Philippe, « le
» visage noyé de larmes, le front courbé,
» la terreur dans l'âme, agonisant à son
» tour sur cette même place, tombeau de
» la royauté de 93, » (1) et, satisfaite

____

(1) Extrait textuellement des journaux du temps.

d'avoir insulté à l'infortune du monarque, elle est restée muette sur les tortures de l'homme.

Cette lacune sera comblée par un courtisan du malheur, qui, n'ayant jamais encensé le demi-dieu sur son trône d'or, s'est humilié plus bas encore devant la majesté du monarque proscrit.

Tandis que Paris consommait la révolution,
une partie de la presse, forcée de se déjuger
hautement ou de se montrer implacable, pour-
suivait de ses clameurs la malheureuse famille,

qui n'emportait du trône que le stigmate de la royauté.

La veuve du duc d'Orléans, arrachée de la chambre des Députés, où son héroïsme s'était brisé contre tant de cœurs timides, oublieux et ingrats, contre tant de pouvoirs hostiles, incertains ou éphémères, avait été recueillie par un ami fidèle.

Le duc de Nemours, que son titre de régent signalait plus particulièrement aux violences irréfléchies des masses, s'était séparé de la courageuse princesse que sa présence devait compromettre et non protéger.

Le Roi Louis-Philippe, caché dans le fond d'un cabriolet de campagne, se dirigeait vers Dreux, non pour y recueillir de l'or, ainsi que des harpies littéraires l'ont publié ... non pour y attendre un retour du destin, mobile comme le cœur du courtisan!.. mais pour accomplir un saint pélerinage et déposer sur la tombe de son fils les prémices de son infortune! car à l'heure du souvenir, la grande ombre des morts protége seule les vivants!... Action simple et touchante qui a marqué d'un cachet de grandeur les premiers pas du royal fugitif.

La sainte Reine, isolée de tous, et de tous résumant les douleurs, cherchait moins à fuir qu'à rejoindre ceux que sa résignation pouvait fortifier encore.

Il est sur le point culminant de la côte d'Honfleur un petit pavillon isolé, d'où la vue s'étend sur tout le littoral de la Seine : c'est à cette porte hospitalière que frappèrent, le 25 février au soir, les augustes époux. Rien n'était préparé pour les recevoir ; le vieux jardinier, serviteur de famille, commis à la garde du pavillon en l'absence du propriétaire, M. le colonel de Perthuis, n'avait pas été prévenu.

Pour adoucir l'effet de cette étrange introduction, le général de Rumigny, que le destin avait favorisé en l'associant pas à pas aux intimes tortures de la royauté, s'empressa d'expliquer au jardinier que les deux personnages qui venaient inopinément chercher un abri loin des tempêtes de la capitale, étaient M. et Mme Lebrun (1), l'oncle et la tante de M. de Perthuis. Mais déjà on était entré, et tandis que

---

(1) Nom que le Roi et la Reine ont porté durant ces jours d'épreuve.

le brave général se félicitait sans doute intérieurement du succès de sa noble imposture, tant la réception du jardinier était empressée, confiante et respectueuse, celui-ci l'entraîna doucement dans la salle voisine, et montrant au général les portraits lithographiés du Roi et de la Reine : « Douterez-vous encore, lui dit-il à » demi-voix, que je connaisse l'oncle et la » tante de mon maître ! .... »

On s'était compris, le pacte était scellé, et le pauvre jardinier, dépositaire d'un secret d'état, devait le garder plus religieusement que ne l'aurait gardé un homme d'état peut-être ; touchante exagération du point d'honneur ! Depuis bientôt deux ans que ces faits se sont accomplis, les nombreux étrangers qui ont visité le petit pavillon de la côte de Grâce, n'ont pû faire convenir le digne jardinier du mystère qu'il avait protégé.

Le nombre des amis véritables, de ceux qui rendent la prospérité plus éclatante et l'adversité plus légère, s'étant complété dans la journée du 26, les hôtes du petit pavillon, désormais historique, se trouvèrent réunis au nombre de dix, savoir :

Le Roi ;

La Reine ;

Le général de Rumigny ;

Le général Dumas ;

M. Pauligne, officier d'ordonnance ;

M. de Perthuis fils, officier de marine ;

M. Léon Besson, ancien officier de marine ;

Mlle Louise, femme de chambre de la Reine ;

M. Thuret, valet de chambre du Roi ;

M. Racine , jardinier.

A cette liste des habitués du pavillon il serait juste d'ajouter les noms de généreux habitants d'Honfleur , qui , ne mettant pas le royal patriarche hors de la loi commune , honoraient encore en lui la majesté de son malheur.

Mais déjà les feuilles publiques, livrées aux luttes intestines , généreuses cette fois par intérêt, enregistraient avec une perfide complaisance la sortie de France des membres de la famille royale. Ces nouvelles, bien que prématurées , en rendant un peu de calme au Roi et à la Reine; les disposèrent à écouter favorablement les divers projets d'évasion que chacun, dans son zèle, cherchait à faire prévaloir.

Une seule voie restant ouverte , celle de la mer , toutes les pensées durent naturellement se reporter vers la ville du Havre , où des amis déjà initiés , suivaient avec angoisses les péripéties de ce drame palpitant , et dès le jour même des ouvertures étaient faites au capitaine de l'un des paquebots anglais affectés au service régulier du Havre à Southampton, pour l'engager à établir une sorte de croisière entre Honfleur et Trouville, nonobstant ce que la présence inusitée d'un paquebot anglais sur la côte de France pouvait avoir de compromettant (1).

Hélas, victimes des complots, les grands

---

(1) Il est hors de doute que la présence d'un bateau anglais le long de la côte aurait éveillé l'attention de la ligne de Douane, et rendu tout embarquement ultérieur impossible.

ne savent pas en ourdir : que serait-il advenu ?
une catastrophe peut-être ; tout au moins un
outrage, si un ami bien obscur n'avait pas
pris sur lui de rectifier le message, moins
toutefois l'éclatant témoignage rendu par l'illustre fugitif à une nationalité rivale.

« Vous pouvez (disait le message) vous
» confier à l'honneur d'un capitaine anglais :
» quel qu'il soit il n'y faillira jamais. »

Paroles pleinement justifiées par le dévouement sans bornes dont trois honorables gentle-
men (1) ont donné les preuves les plus tou-

----

(1) M. Featherstonhaugh, consul de S. M. Britannique
au Havre : ce parfait gentleman, bien digne de rehausser
encore une noble mission, ayant connu l'ex-Roi Louis-
Philippe lors de son premier exil, a pris, avec le dévoue-

chantes : combien d'autres encore auraient été jaloux de soutenir le noble vieillard à la descente du calvaire ! mais la dignité du proscrit, repoussant toute protection officielle, ne pou-

---

ment de l'ami, la plus honorable part à l'embarquement de la famille royale.

M. William Jones, vice-consul au Havre : ce brave jeune homme, doué d'une haute distinction et d'une âme à la hauteur de la noble tâche qu'il avait entreprise, a dignement honoré sa nationalité.

M. Pawl, capitaine de la marine royale, commandant le vapeur *l'Express* : en présence de la double responsabilité politique et commerciale qui pesait sur lui, cet honorable officier, forcé dans le premier moment de subordonner son concours à la rigoureuse exécution de ses ordres, l'a accordé plus tard, avec un dévouement digne des plus grands éloges.

vait accepter que le dévouement mystérieux de ses amis.

Ainsi donc, tandis que, de l'autre côté de l'eau, on fondait tout espoir sur l'envoi immédiat du bateau anglais, nous n'en persistions pas moins M. Besson et moi (car nous étions alors les seuls habitants du Havre dans le secret (1), à engager les amis des illustres

---

(1) Nous y avions été mis simultanément, ainsi que M. de Perthuis fils, le 26 février, par M. le général Dumas lors de son passage au Havre.

Mon excellent ami, M. de Perthuis, commandant le cotre de l'Etat le *Rôdeur* de notre port, accompagna le général Dumas à Honfleur; toutefois, l'état de la mer ayant interrompu les traversées régulières des bateaux à vapeur, ces messieurs furent forcés de passer la Seine entre Tancarville et Quillebeuf.

fugitifs à se procurer, sur le littoral d'Honfleur ou de Trouville, une barque à l'aide de laquelle le Roi effectuerait directement la traversée d'Angleterre. L'exécution de ce projet, confiée au zèle éclairé de M. Hallot (d'Honfleur) allait imposer au cœur du Roi le plus cruel des sacrifices, celui de se séparer momentanément de la Reine, trop souffrante, hélas! pour braver les fatigues de la mer sur une frêle barque, dépourvue d'emménagements (1) ; séparation impérieusement exigée par la sainte Reine elle-même, qui puisait, dans son abnégation, le dédain de tout danger personnel.

---

(1) L'état de la mer, déjà menaçant, pouvant entraîner la petite barque hors de la route suivie par les paquebots anglais, on était exposé à faire la traversée d'Angleterre.

La journée du 27 s'annonça sous les auspi-
ces les plus favorables. Les journaux, véritables
compères, publiaient le débarquement des exilés en Angleterre..... un éclair de bonheur
rayonnait sur tous les visages.

Ce fut un instant de repos , de calme , d'ou-
bli, durant lequel le Roi, devenu plus commu-
nicatif, analysait avec une verve étincelante
les derniers événements de la capitale. Soumis avec une résignation chrétienne aux décrets de la providence, aucune parole sévère ne
souilla ses lèvres : d'un geste, d'un mot, il pei-
gnait de main de maître les hommes et les choses .... l'attitude de la garde nationale de Paris
était pour lui un problème encore insoluble....
» c'est le plus grand suicide dont parlera l'his-
» toire , » s'écriait-il. D'ordinaire les pauvres

rois déchus imputent leur infortune à la trahison ; lui, au contraire, allégeant toutes les consciences, s'enorgueillissait de s'être trahi lui-même, en ne voulant à aucun prix d'une collision sanglante!... Noble souvenir! qui suffirait, ainsi que l'a dit un grand écrivain (Lamartine), pour consoler l'exil et attendrir l'histoire : enfin les réflexions du Roi, empreintes d'une douce philosophie, ne décélaient ni haine ni abattement.

Voulant écarter de mon récit tout ce qui serait de nature à froisser de hautes ou d'humbles susceptibilités, on comprendra la convenance de ma réserve au sujet des paroles souvent prophétiques, mais toujours généreuses et dignes, prononcées par le Roi ! Le malheur a

quelque chose de sacré qui sanctifie ses juge-
ments.

A l'aide d'une digression rapide, je ferai pé-
nétrer plus intimement le lecteur dans le petit
pavillon qui servait de refuge aux illustres
proscrits. Il se composait de quatre pièces,
dont une seule à feu, tenant lieu de salon et
de salle à manger.

L'heure des repas surexcitait toujours la
gaieté !.. Les ustensiles de ménage manquaient,
la table était boiteuse, les assiettes fort rares ! (1)
L'infortune, on le sait, rapproche les dis-
tances mieux que l'amour et la mort ; aussi ,
toute étiquette ayant disparu, chacun se plaçait

____

(1) Le petit pavillon était inhabitable et inhabité.

au hasard autour de la table; le valet de chambre
du Roi, placé auprès de lui, allait, venait, servait et mangeait, tout cela dans le même instant. Bref, pour ne pas prolonger cette digression, la table desservie, la conversation intime
reprenait son cours, chacun laissant trotter
son esprit la bride sur le cou, comme disait
l'inimitable Madame de Sévigné. Sauf quelques
petites boutades de l'un et de l'autre, de tous
même, hormis du Roi et de la Reine, on
s'occupait fort peu de politique !.... Parfois
le Roi faisait à haute voix la lecture des journaux qu'on avait pu se procurer, et rece-
vait à brûle-pourpoint, avec un stoïcisme parfait, les décharges de la presse qui, obéissant
à la consigne, criait haro sur le thésauriseur

emportant des monts d'or (1). Pour toute ré-
ponse , l'avare , mieux, le royal prodigue, d'un
air majestueusement piteux , se contentait de
frapper sur ses goussets vides, et de montrer
sa chemise d'abdication , couleur isabelle, qui
servit de texte à une piquante anecdote sur l'o-
rigine de cette nuance princière ; elle trouvera
sa place ailleurs , il fait bon de glaner chez les
rois. Le soir venu, le Roi se jetait tout habillé
sur le canapé du salon ; la Reine, faible et souf-

---

(1) A ce sujet , le *Times* , journal anglais , s'exprime
ainsi :

« La réception faite dans le pays à l'ex-famille royale de
» France a été marquée par un caractère de sagesse et de
» bienveillance. On a tout oublié, excepté que cette famille
» est tombée du faîte des grandeurs humaines dans une si-

frante, et déjà tant éprouvée, reposait sur un lit de sangle dressé dans la même salle ; et les intimes, trop heureux de leurs petites misères, campaient, comme ils pouvaient, dans les cabinets voisins.

Le 28, vers deux heures du matin, M. Hallot,

» tuation qui désarme la plus implacable animosité. Comme
» tout le monde, nous pensions que le comte de Neuilly avait
» amassé prudemment et assuré des sommes suffisantes
» pour maintenir sa famille dans l'aisance ; mais nous re-
» grettons d'apprendre que cette supposition est le contraire
» de la vérité. Louis-Philippe, à ce qu'il paraît, soit par
» excès de confiance dans la stabilité de son gouvernement,
» soit par un sentiment de nationalité, peut-être par ces
» deux causes réunies, a assis toute sa fortune et celle de
» ses enfants sur le sol et la loyauté de la France. »

ayant complétement réussi dans sa mission,
revenait de Trouville. Mais déjà, la mer défer-
lait avec fureur sur les grèves, le vent soufflait
du large, et la bourrasque, qui régnait depuis
deux jours, prenait de plus en plus les propor-
tions d'une véritable tempête ; néanmoins tout
était prêt pour le départ, la barque était armée,
l'équipage, sur le dévouement duquel on pouvait se reposer, n'attendait plus que le signal ;
rien des projets ne transpirait au dehors, et s'il
est vrai que tout bonheur soit comparatif ici-
bas, on devait se croire heureux encore : pour
les infortunés espérer c'est jouir.

Chargés de veiller aux derniers préparatifs
de l'embarquement, le général de Rumigny,
M. de Perthuis et M. Hallot partirent pour
Trouville, et vers huit heures du soir le Roi,

laissant la Reine aux bons soins du général Dumas montait en voiture pour les rejoindre. (1)

Arrivé à quelque distance de la ville, le Roi mit pied à terre et, escorté de tous les intimes qui étaient venus au devant de lui, il gagna, par des chemins détournés, le logement qu'un ami dévoué, M. Barbet (de Trouville), lui avait préparé. Mais hélas ! quelque soin qu'on eût

---

(1) Le Roi était accompagné de son domestique et le jardinier Racine conduisait le cabriolet.

Durant toutes ses courses, non seulement le Roi n'était pas armé, mais il avait encore exigé que ses officiers ne portassent aucune arme !... « Comme Roi, disait-il, je » suis tombé pour avoir épargné l'effusion du sang ; comme » proscrit, j'aurais moins de droits à le verser encore. »

mis à éviter tous les regards , deux personnes étrangères avaient remarqué l'entrée du Roi et de sa suite .... Autre et plus cruelle déception : la tempête hurlait, la pluie tombait à torrents, et l'eau qui devait sauver les proscrits manquant dans la crique de Trouville (1), il fallait se résigner à attendre une marée plus favorable.

Préparé à tous les caprices du destin, et s'impressionnant encore moins que tout autre de ce contre-temps, le Roi en faisait ressortir, sinon avec gaieté du moins avec aisance , l'étrange contraste. Ce qu'a dit Labruyère du

---

(1) Petit port de pêche, situé sur la côte du Calvados : la navigation en est interrompue durant les marées de morte-eau.

cœur humain, trop tôt consolé, ne saurait atteindre les royales infortunes : il est beau à celui qui sait pleurer amèrement la perte d'un ami de sourire à celle de ses grandeurs, de sa liberté, de sa vie peut-être.

Le **29**, même impossibilité d'embarquer ; mais ce qui était autrement inquiétant, c'est que déjà une certaine rumeur agitait la ville. Les allées et venues qui se succédaient sans cesse, les demi-confidences, les bavardages, la jalousie des équipages, car, par un excès de zèle, on s'était pourvu de barques de deux côtés à la fois, tout contribuait à donner de la consistance aux bruits déjà accrédités de la présence à Trouville d'un ex-ministre de Louis-Philippe.

Rapprochement palpitant ! l'intègre et il-

Iustre homme d'état dont le Roi s'était séparé ou trop tôt ou trop tard, surexcitait encore par l'éclat de son nom une hostilité alarmante.

Cet état se prolongea sans empirer durant toute la journée ; mais dès le 1er mars au matin, on parlait de visites domiciliaires, et, tranchant le nœud gordien, la douane, la seule force disponible du pays, était résolue, disait-on, à s'opposer à tout embarquement. C'était le coup de grâce, d'autant plus acéré que la mer, non plus furieuse, mais railleuse d'inopportunité, rendait au rivage ses flots désormais inutiles.

Heureusement le mal a son à-propos comme le bien : une indiscrétion ayant révélé, non la présence d'un ministre, mais bien celle du Roi

lui-même, qu'on désignait par son rang, il s'o-
péra soudain une réaction bienveillante qui
dissipa toute hostilité ; et si, dans cet instant solennel, l'illustre proscrit, dévoilant la majesté
de son infortune, eût réclamé l'appui de la population, il eût quitté le sol de France, entouré
tout au moins de respects silencieux.

Le dévouement immuable envers les rois et
les grands n'est nulle part aujourd'hui, mais
la haine systématique et implacable ne se per-
pétue que dans le grand centre des capitales,
parmi cette ignoble queue des partis ; « qui
» semblable à celle du scorpion est plus dange-
» reuse que la tête, » a dit mon ami Alphonse
Karr. Et pourtant au seul assassin qui implore
la pitié il est permis de dire : va-t'en, cherche
un refuge ailleurs ! mais tout autre proscrit,

roi ou peuple, qui s'abrite sous notre toit hospitalier, doit être sauvé au prix de tout notre or, au prix de tout notre sang....

Le cruel fanatique qui a arrêté dans sa fuite le malheureux Louis XVI..., le misérable qui a vendu l'héroïque duchesse de Berry...., celui-là encore qui aurait livré Barbès se confiant à son honneur, tous seraient voués à l'exécration des peuples policés, parce qu'ils auraient manqué au plus saint des devoirs.

Mais hélas ! cette morale, vulgaire et sublime à la fois, ne pouvait recevoir d'application : fidèle à la dignité de son infortune, le Roi, épuisant le calice jusqu'à la lie, se fût présenté à la barre de la nation, plutôt que de compromettre la population du dernier des hameaux.. Élevé sans conflit, il devait tomber de même.

Renonçant donc à opérer son embarquement sur la plage de Trouville, à acheter son salut au prix d'un remords, il prit le parti de rejoindre la Reine, laissée sans nouvelles depuis leur séparation. Toutefois, le retour à Honfleur ne pouvant s'opérer avant la nuit, on jugea prudent, sachant que la retraite du Roi était connue, de le cacher dans une des autres maisons dont on avait le choix ; car, disons-le hautement, tous les habitants de Trouville que l'indiscrétion ou la confiance avaient mis dans le secret, se disputaient l'honneur d'offrir un refuge au royal patriarche. Puis, vers minuit, le Roi, escorté de tous ses intimes et de plusieurs autres personnes qui s'étaient généreusement offertes pour l'accompagner, prenait à pied la route de Touques où un char-à-banc, préparé à la hâte, l'attendait, et, le 2 mars, à quatre heures du matin, il rentrait incognito à Honfleur. Il rentrait dans ce petit pavillon, où, durant quarante-huit heures, une pauvre femme, reine sans couronne, épouse sans époux, mère sans enfants, avait souffert et prié.

Informé du triste résultat de l'expédition de Trouville, et comprenant que désormais le concours du bateau anglais devenait indispensable, M. Besson, dans l'espoir de lever les derniers scrupules qui entravaient encore le dévouement du capitaine Pawl, commandant de l'*Express*, fut rendre visite au Consul anglais.

Préludant avec une certaine réserve, il sonda cet honorable gentleman sur les instructions qu'il devait avoir reçues de son gouvernement. Loin de dissimuler ses respectueuses sympa-

thies pour les augustes fugitifs, M. Featherstonhaugh apprit à M. Besson que lord Palmerston,
évoquant sans réserve le généreux concours de
tous ses agents consulaires, les conviait au royal
sauvetage dans des termes qui honorent cet illustre ennemi de la branche cadette de France.
Celui qui, à mon point de vue rétrospectif,
avait contribué peut-être à faire sombrer le
navire, recueillait à cette heure les corps
des pauvres naufragés : ce n'était que justice !..
Néanmoins, car il est plus équitable de ne pas
diminuer le mérite d'une généreuse action, le
mot d'ordre avait été donné et des navires
anglais sillonnaient les côtes de France, avec
mission de protéger les membres de la famille
royale.

Toute dissimulation étant désormais superflue , M. Besson révéla au consul la retraite du Roi : un nouvel et puissant allié se consacrait à sa délivrance ; le capitaine Pawl , interrompant ses traversées régulières , mettait , avec un chaleureux dévouement , son bateau à la disposition des exilés ; tout faisait présager un heureux succès.

Pressé d'informer la famille royale du résultat de ses nouvelles démarches , M. Besson écrivit à la Reine pour lui donner des nouvelles des membres de sa famille et la presser d'opérer son embarquement ainsi que celui du Roi, à l'aide de la première barque qu'on pourrait se procurer sur la plage d'Honfleur; l'assistance du commandant de l'*Express* qui avait ordre de croiser , à l'heure des marées , à la hauteur du cap de la Hève (1), donnant toute certitude que le transbordement des illustres fugitifs pourrait s'effectuer à quelques milles d'Honfleur.

Ce message fut porté par M. William Jones (vice-consul d'Angleterre) qui, profitant de la traversée du *Courrier*, (2) opérait son retour dans la même marée.

Les nouvelles qu'il rapportait étaient peu

---

(1) Le cap de la Hève, situé à deux milles environ au Nord-Ouest du Havre, forme la pointe Sud-Ouest des falaises qui terminent la plaine de Caux ; les deux phares situés à son sommet ont été établis pour indiquer, pendant la nuit, la position du Havre et de ses mouillages.

(2) Bateau à vapeur du port du Havre, faisant le service régulier entre Le Havre et Honfleur.

rassurantes ; le contre-coup des événements de Trouville ayant retenti à Honfleur , la surveillance la plus rigoureuse était exercée sur toute la côte. Toutefois , et nonobstant la difficulté , non de se pourvoir à Honfleur d'un bateau convenable, mais de procéder sans éveiller de soupçons , à l'embarquement de prétendus voyageurs étrangers à la plage , le départ n'en fut pas moins fixé pour le soir même. Aurait-il reçu son exécution? on l'ignore!... depuis cinquante ans , l'imprévu , cette voie mystérieuse du destin qui gouverne le monde , devait encore, une fois de plus , signaler son irrésistible influence.

Mais n'empiétons pas sur la marche des événements , constatons seulement pour l'instant, l'angoisse cruelle de ceux qui , en dérogeant

sous les inspirations de leur cœur aux instructions primitives (1), avaient assumé sur eux une
grande responsabilité. Pensée à la fois cruelle
et féconde , puisqu'elle devait ouvrir quelques
instants plus tard une nouvelle voie de salut.
Hélas ! s'il est vrai qu'il y a toujours des symp-
tômes d'orages imminents dans les derniers
murmures des orages passés , le triste résultat
de l'expédition de Trouville pouvait nous faire
appréhender de nouveaux obstacles. Dans cette
cruelle prévision et nonobstant la critique que
l'envoi d'un bateau du Havre avait déjà soule-
vée une première fois, nous dûmes reconnaître
qu'il ne restait plus que ce moyen de rapa-

---

(1) L'envoi du bateau anglais sur la côte de Grâce.

trier avec l'exil, ceux dont l'exil avait été la première patrie!.... si cruel que fût ce destin, on en attendait encore l'accomplissement avec espoir et anxiété.

Nous arrêtâmes donc notre choix sur le *Courrier*, petit bateau qui, ainsi que je l'ai dit plus haut, exécute régulièrement, entre chaque marée de jour, le voyage, aller et retour, de cette ville à Honfleur. Restait encore la difficulté de lui faire opérer, contrairement à l'usage, un second départ à l'entrée de la nuit. Heureusement la providence, qui manque rarement au rendez-vous, y fut encore fidèle cette fois, le 2 mars étant un jour de double marée (1).

____

(1) Coïncidence toute providentielle : le départ du

Il eût suffi sans doute, dédaignant toute dissimulation, de se confier à l'honorable M. Vieillard, directeur de la Compagnie des paquebots à vapeur, pour être assuré de son loyal et généreux concours ; mais mieux était encore d'accomplir cette sainte mission en n'exigeant rien d'aucune conscience et en ne compromettant que soi, si tant est qu'on fût compromis. L'agitation des esprits, l'incertitude de l'avenir, l'entraînement des événements motivaient cette réserve, complétement en harmonie avec les sentiments des illustres proscrits.

L'indulgence du lecteur m'excusera sans

Courrier n'aurait pu s'effectuer dans des conditions aussi favorables, ni la veille, ni le lendemain !

doute d'entrer dans quelques détails personnels sur la noble imposture qui nous a rendu, pendant quelques heures, le principal locataire du bateau chargé du royal sauvetage.

Le hasard, plus ou moins prémédité, ce grand ordonnateur de toutes choses ici-bas, m'ayant fait rencontrer le directeur des paquebots à vapeur, je lui parlai de sacoches d'argent laissées à Honfleur, de parents attendus ; je discutai, je marchandai surtout avec une parcimonie sans exemple : plus celui dont je m'honore d'être l'ami se montrait obligeant et désintéressé (il est des cœurs qui ont l'instinct de tous les dévouements), plus je me croyais obligé de paraître intraitable ; enfin, de guerre lasse, nous tombâmes d'accord sur un prix dont la modicité avait quelque chose d'humiliant, et je quittai le cher directeur, l'âme chargée de remords, tant le calme que j'affectais me semblait une profanation de la chose la plus sainte : néanmoins tout était réglé, et le départ allait s'effectuer sans que le témoignage du plus vulgaire dévouement pût trouver l'occasion de se produire.

M. Besson s'empressa de faire part au consul anglais des nouvelles dispositions qui doublaient en quelque sorte les chances de salut; en effet, si l'embarquement à bord du *Courrier* rencontrait quelques difficultés imprévues, restait encore, comme dernière ressource, le départ que la famille royale aurait accompli plus tard, à bord de la barque de pêche.

Pour parer à toutes les éventualités, on dé-

cida que le bateau anglais l'*Express* atten-
drait dans le port le retour du *Courrier* ...
que M. William Jones, muni d'un passeport
anglais (pour le Roi), au nom de M. Smitt, ac-
compagnerait M. Besson à Honfleur : quant à
l'honorable M. Featherstonhaugh dont le généreux et puissant concours ne saurait être
ni amoindri ni méconnu, il se réservait, ainsi
qu'on en aura la preuve, de couronner, par
un service plus éclatant encore, tous les services qu'il avait déjà rendus.

Enfin, à cinq heures, la cloche du *Courrier*
gourmandant les passagers en retard, le paquebot prenait la mer par un temps superbe.
Son arrivée à Honfleur n'y causa aucun éton-
nement ... nul symptôme inquiétant n'agitait

la ville .... tout était calme, silencieux, la nuit était venue.

Débarqué des premiers, M. Besson, à qui appartient l'honneur d'avoir exécuté cette noble mission (1), se rendit à la hâte auprès du Roi : en peu de mots il le mit au courant des événements qui modifiaient les dispositions déjà prises à Honfleur; là du

-----

(1) Les rôles étaient partagés : je devais rester sur la jetée du Havre pour surveiller le retour du *Courrier* et faire opérer sur un signal convenu et à l'aide du paquebot anglais, le transbordement en rade des illustres fugitifs si le moindre incident se manifestait à bord.

Quant à l'embarquement de la famille royale dans le port du Havre, je connaissais trop le généreux esprit de la garde nationale pour ne pas me reposer sur elle du soin de

moins, comme à Trouville, de généreux habitants (au nombre desquels étaient le maire et sa famille) devaient, par leur présence, faciliter l'embarquement de la famille royale auquel on aurait donné l'apparence d'une promenade en mer : ces touchantes précautions devenues inutiles par l'arrivée inattendue du

le protéger ; au besoin même, en l'absence de toute force armée et nonobstant l'obscurité de mon nom, j'aurais été frapper en toute confiance à la porte de la fabrique, certain de rencontrer des ouvriers de cœur qui se seraient associés à ce grand acte de respect filial ; je l'aurais fait, dis-je, sans croire manquer pour cela à aucun de mes devoirs.

Courrier, on procéda, séance tenante, aux préparatifs du départ.

Le Roi sortit le premier du pavillon, accompagné de son valet de chambre ; M. de Perthuis conduisit la Reine par une autre route, et le reste des fidèles gagna le bord par des chemins détournés.

Cette manœuvre, exécutée à l'entrée de la nuit, eut un plein succès, personne ne soupçonnant le solennel épisode qui s'accomplissait d'une manière aussi simple et aussi providentielle à la fois.

Le retour du *Courrier* au Havre ne fut signalé par aucun incident digne de remarque .... le Roi, revêtu du costume de voyage avec lequel il avait quitté Dreux, mais rendu méconnaissable, autant par l'absence de ses favoris que par l'adjonction de lunettes à double visière, se tenait sur le pont, en compagnie de M. Williams Jones, et, oublieux de son rôle, se permettait parfois des éclats de voix formidables qui dominaient le bruit des vagues et la musique discordante exécutée à bord par de pauvres artistes allemands (1).

La Reine, enveloppée d'un manteau fort simple, recouvrant sa robe moirée, garnie d'hermine, était assise sur un banc en compagnie de sa femme de chambre : les intimes observant entre eux la plus grande réserve, restaient isolés les uns des autres.

____

(1) Ces musiciens exécutèrent le *Pif, paf, pouf* des *Huguenots !...* et *O Richard, ô mon Roi !..* Le hasard a toujours ses à-propos.

A neuf heures moins un quart, le *Courrier* mouillait à son poste ordinaire de débarquement. Aucun gendarme ne veillait pour demander les passeports, les douaniers se promenaient silencieux, et la population semblait témoigner, par son absence, d'une discrète et respectueuse protection.

Secondé par des circonstances aussi favorables, le changement de bateau s'opéra dans la plus complète sécurité ! Reçu par le consul anglais, le Roi fut conduit immédiatement à bord de l'*Express*, où la Reine ne tarda pas à le rejoindre !... et à neuf heures précises le paquebot prenait le large, sans bruit, sans éclat, sans salut de batteries, sans mensonge de poudre et de fumée!.. représailles de l'histoire, cette fois, du moins, le généreux concours d'un navire anglais adoucissait l'inexorable souvenir de l'hospitalité sainte méconnue jadis à bord du *Bellerophon* !

Cruel rapprochement ! une seule fois dans ma vie (car la cour n'est pas faite, a dit le Sage, pour celui qui ne peut contribuer à la fortune de personne), une seule fois j'avais contemplé sur le théâtre de sa gloire, cette royale famille, si brillante d'avenir et de prospérité !... j'avais entendu les acclamations d'un grand peuple et ma crédulité, éblouie par tant d'éclat, d'union et de puissance, s'était confiée à une éternité de grandeurs !.. Hélas !.. trône, famille, souvenir, tout avait été emporté en une heure de tourmente ; et après dix-huit ans je retrouvais, dans une chétive cabane de navire, le royal patriarche à qui les rigueurs du destin n'avaient épargné ni les grandes infortunes ni les petites misères !.... Tortures impuissantes, Labruyère l'a dit : « le malheur qui abaisse les autres » hommes élève les rois. »

De tous ceux qui venaient de contribuer à réaliser une dernière espérance, je le déclare en toute humilité, j'avais rempli le rôle le plus secondaire, le plus obscur, et j'emportais la plus précieuse des récompenses : les bénédictions d'une pauvre exilée !

Grand et inépuisable souvenir ; lorsque, refroidies par la souffrance, les lèvres de la sainte ont effleuré mon front, les cieux se sont ouverts et j'ai cru recueillir un baiser de ma mère !

CONCLUSION.

Le lendemain, un de ceux que le destin avait favorisés, celui qui a écrit ces pages, s'inspirant de la droiture de ses sentiments, se présentait à Rouen devant M. Deschamps, le commissaire du gouvernement, et lui déclarait, à titre de fonctionnaire, la part qu'il avait prise à l'embarquement de la famille royale : n'ayant bravé aucun danger, n'ayant méconnu aucune loi, il ne se posait ni en libérateur ni en rebelle, mais en homme de bien, qui avait, sans mérite, concouru à l'accomplissement d'un religieux devoir.

Instruit de ces faits, M. Deschamps a maintenu à son poste l'obscur fonctionnaire, que ses liens de famille, son entourage et ses antécédents rendaient plus vulnérable encore.

Fidèle à mon épigraphe, j'espère être en droit de répéter :

Rien pour les partis, tout pour l'histoire.

Notes Explicatives

PARIS, 6 MAI 1850.

Mon cher d'Houdetot,

Je viens de lire l'article publié dans la *Revue Britannique* du mois de Mai 1850, sur le départ de la famille royale; et, tout en reconnaissant l'exactitude des principaux faits racontés par M. Croker, je ne puis néanmoins me dispenser de protester contre certaines omissions tout au moins regrettables.

Les questions de détails et de personnes importent peu d'ordinaire à l'histoire; mais ici elles se rattachent étroitement à une question de préséance nationale, qui doit être éclaircie ; or, le petit manuscrit *Honfleur et Le Havre* que vous m'avez communiqué faisant justice, dans sa simplicité, des incidents romanesques ou exagérés dont j'ai vainement évoqué le souvenir, ce manuscrit, dis-je, comblant toutes les lacunes, redressant toutes les erreurs, rétablit les faits sous leur véritable jour.

Laissons de côté votre intelligente et généreuse participation.... oublions que c'est vous seul qui avez conçu l'idée de l'envoi immédiat du bateau le *Courrier*... qui en avez préparé le départ.... qui en avez pris la responsabilité officielle. .... oublions tout ce qui vous est personnel, mais laissez-nous toutefois déclarer hautement que votre récit, rédigé d'après vos souvenirs, d'après les notes (1)

---

(1) Ces notes, remarquables par leurs appréciations fines et élevées, m'ont été remises en mars 1848, par mes excellents amis, MM. Besson et de Perthuis ; elles sont encore entre mes mains, et témoigneraient au besoin de la scrupuleuse exactitude que j'ai observée dans cette publication. *(Note de l'auteur*

de notre ami Perthuis et d'après les miennes, est dans toutes ses parties de la plus scrupuleuse exactitude.

L. BESSON.

(Extrait du *Journal du Havre* du dimanche 5 Mars 1848.)

Louis-Philippe est heureusement arrivé en Angleterre avec sa famille et les généraux Dumas et de Rumigny, qui l'accompagnaient. L'*Express*, qui le portait, a mouillé en rade de New-Haven, vendredi, à sept heures du matin, dix heures après son départ du Havre et, forcé d'attendre la marée, n'a débarqué ses passagers qu'à midi. Ceux-ci ont pris logement à Bridge-Tun (hôtel du Pont) et après avoir reçu quelques visites, entre autres celle de M. Packam bien connu à Dieppe et à Eu, et qu'il a fait venir de Brighton, Louis-Philippe s'est décidé à passer la nuit à New-Haven pour, le lendemain matin, se diriger sur Londres.

Les journaux de Paris publient les contes les plus erronés

sur lui et son départ. Les uns l'embarquent dans un petit canot, rencontré en mer par l'*Express*, d'autres le font périr dans un naufrage, etc., etc. Les véritables circonstances de cet événement sont celles que nous avons mentionnées et auxquelles nous n'avons à ajouter qu'un trait, trop honorable à tous égards, pour que notre indiscrétion ne nous soit pas pardonnée.

Arrivé à Trouville, où, pendant deux jours, il a attendu le moment et cherché l'occasion de s'embarquer, Louis-Philippe, n'en trouvant pas le moyen, revint à Honfleur assez embarrassé. La personne chez laquelle il avait trouvé un asile fit connaître cet embarras à une autre personne, exerçant une fonction publique et attachée à l'ex-famille royale par des liens de position, qui se mit immédiatement en mesure de pourvoir à des moyens d'embarquement. Ce projet s'exécuta, comme nous l'avons indiqué, et, grâce à cette généreuse assistance, Louis-Philippe et sa famille purent partir incognito et sans avoir été reconnus.

Mais dès le lendemain, le fonctionnaire qui avait facilité ce départ, comprenant loyalement son devoir, se rendit à Rouen auprès du commissaire du gouvernement provisoire, lui exposa franchement sa conduite et déclara que s'il avait par cet acte, démérité de la République, il venait résigner ses fonctions et se soumettre à son jugement. A cette déclaration M. Deschamps répondit, en des termes que nous ne saurions reproduire, mais dont voici à peu près le sens : que la République fondée sur le culte de toutes les vertus en honorait partout la pratique et ne se priverait pas des services d'un citoyen, parce qu'il avait donné l'exemple d'un cœur généreux et fidèle.

Ajoutons que ce dénouement connu en ville n'y a rencontré qu'une double approbation pour le citoyen qui s'est noblement inspiré de l'élévation de ses sentiments, et pour le gouvernement qui sait en apprécier le mérite.